L. DE SAINT-PREUIL

Impuissance
des Partis politiques actuels
en France

L'Œuvre d'État

MAISON DIDOT.

RMIN-DIDOT ET CIE, ÉDITEURS

IMPRIMEURS DE L'INSTITUT, 56, RUE JACOB

PARIS

Impuissance

des Partis politiques actuels

en France

Typographie Firmin-Didot et Cᵢₑ. — Mesnil (Eure).

L. DE SAINT-PREUIL

Impuissance
des Partis politiques actuels en France

L'Œuvre d'État

MAISON DIDOT

FIRMIN-DIDOT ET CIE, ÉDITEURS

IMPRIMEURS DE L'INSTITUT, 56, RUE JACOB

PARIS

Aucun parti politique, en France, ne possède actuellement dans les chambres une majorité sûre permettant à un gouvernement de vivre à l'abri de toute surprise. Le suffrage universel ne paraît pas se préoccuper de constituer cette majorité. Les chefs des partis tâchent de provoquer un mouvement de l'opinion vers les idées qu'ils soutiennent; ils prononcent des discours : les journaux parlent de ces discours pendant deux jours, puis n'y pensent plus; la France, elle, n'a même pas écouté : elle est indifférente à la politique, elle ne s'y intéresse pas.

Représentez-vous, d'autre part, les jeunes hommes appartenant aux nouvelles générations qui arrivent à la maturité de l'âge; ils ont l'esprit libre de préjugés, ils sont prêts à apporter leur concours à une cause vraiment féconde, pleine de vie et d'avenir, susceptible d'entraîner les masses populaires et d'aboutir, parce qu'elle est large, généreuse, qu'elle répond à quelque grand instinct national. Auquel des partis actuels vont-ils? à aucun : aucun ne réalise ces conditions. Comme la nation refuse de faire un choix et s'abstient, ils se réservent. Dans les pages qui suivent sont quelques réflexions de l'un d'eux sur ce qu'il croit être les causes de cet état général et sa fin.

⁎

Les hommes politiques qui défendent l'idée de la république depuis 1870 constituent une génération ayant des traits caractéristiques distincts. Le premier de ces traits est qu'ils sont des hommes de lutte : ils ont eu devant eux une des oppositions les plus fortes qu'un régime ait rencontré dans le courant de ce siècle : les raisons de cette opposition étaient nombreuses : beaucoup étaient importantes ; ils ont cependant vaincu ; leur victoire se dessinant d'abord est allée s'accentuant de plus en plus ; il n'est personne d'impartial qui puisse contester aujourd'hui que cette victoire ne soit certaine. La défaite des idées adverses est-elle due à l'insuffisance des ennemis de la république? on ne peut le soutenir. Ceux-ci ont eu pour eux tout ce qui leur était nécessaire : des hommes de valeur et les plus honorables, les majorités parlementaires, l'État, des circonstances particulièrement heureuses. Est-elle due à la particulière habileté des républicains? Il serait imprudent de le prétendre : eux-mêmes reconnaîtront qu'ils ont commis des fautes, et quelques-uns diront que ces fautes auraient pu perdre le régime. Le succès de la république est dû à des causes plus profondes.

L'histoire de notre peuple, en ce siècle, présente au premier regard une succession étrange de révolutions contradictoires. Il est

d'usage d'en attribuer l'incohérence à la lé-
gèreté des Français ; cette incohérence est
apparente. Les cent ans qui viennent de s'é-
couler forment en réalité la période la plus
attachante de nos annales, parce qu'il n'y a
rien de plus attachant que le spectacle d'un
peuple qui, n'étant éclairé par personne, cherche douloureusement, au milieu d'essais in-
fructueux, quelque chose, et ce quelque
chose c'est un équilibre politique analogue
à celui qu'il a perdu à la fin du siècle dernier. Depuis cent ans les Français s'efforcent
de réaliser cet équilibre en mettant en application une idée nouvelle, l'idée du gouvernement de la société nationale par elle-même,
c'est-à-dire par des agents responsables et
élus, au lieu et place d'un roi irresponsable
et héréditaire. Aujourd'hui cette idée a pénétré le peuple entier, ce n'est plus une conception de l'esprit, c'est le premier élément
de notre civilisation. L'application a été dif-
ficile. Les Français ont fait une première ten-
tative au moment de la révolution, ils ont

échoué. On ne passe pas brusquement à l'exercice de l'indépendance sans que l'inexpérience
n'amène des troubles ; la liberté dégénère en
licence. Le dégoût de l'anarchie dans laquelle
ils étaient tombés, entraîna les Français, par
suite d'une disposition de notre race nerveuse
à se porter aux extrêmes, vers le césarisme.
C'était un remède violent ; il ne dura pas.
N'osant revenir à cette liberté dangereuse
qu'ils avaient sacrifiée dans un moment de
désespoir, nos pères tentèrent d'accommo-
der l'idée nouvelle avec l'idée ancienne de la
monarchie : on fit un essai loyal ; on le fit
de deux façons : d'abord en accordant davantage à l'idée ancienne, ce fut la restauration,
puis en faisant une plus large part à l'idée du
gouvernement de la société nationale par elle-
même, la monarchie de Juillet : ces deux essais
échouèrent. Il parut aux Français qu'il y avait
contradiction entre deux principes opposés,
que cette contradiction entraînait tôt ou tard
à un conflit inévitable et que l'un des deux
devait céder : il faut supposer que leur parti

èst pris sur celui des deux principes qu'ils doivent laisser, puisque depuis cinquante ans ils n'ont jamais voulu revenir à la monarchie. Ils tentèrent alors, en 1848, une seconde application de l'idée nouvelle : la république de 1848 ne réussit pas plus que celle de 1793, mais moins mal : ils n'étaient pas mûrs. Par réaction, une seconde fois, ils se donnèrent au césarisme; à la chute de ce césarisme ils ont repris la république : leur expérience maintenant est sans doute plus certaine puisque enfin cette forme a pu durer jusqu'ici vingt-huit ans. Les cent ans qui finissent sont donc bien l'histoire de cette idée nouvelle qui veut vaincre. Appliquée directement, elle échoue; elle tente un compromis avec l'idée ancienne; ce compromis, système de transition, fait son temps et disparaît; elle s'essaie une seconde fois, elle échoue encore et chacune de ces chutes a pour conséquence de faire tomber les Français plus bas que le point dont ils sont partis. Si cette idée actuellement est victorieuse, c'est que depuis un siècle, lentement, elle nous a pénétré tous, ou clairement avec son nom, ou inconsciemment avec ses principes, qu'elle est un mouvement de notre civilisation, une évolution de notre peuple; c'est quelque chose de grand et de fatal.

Les adversaires de la république se heurtaient donc, en voulant la renverser, contre une force qui ne dépendait ni des hommes qui la représentaient, ni des actions de ceux-ci : ils n'ont pas abouti. A l'inverse des autres régimes de ce siècle créés avec la faveur populaire puis abandonnés progressivement par elle et disparaissant dans le discrédit public, la république est née au milieu de l'hostilité du plus grand nombre et a achevé son quart de siècle d'existence acceptée de la majorité des Français.

Mais la bataille menée pendant ce quart de siècle contre la république, à défaut de la victoire désirée a eu une autre conséquence : elle a transformé la France en champ clos où les citoyens se sont opposés les uns aux autres dans une violente mêlée. La liberté de la presse aidant, les attaques et les ripostes ont atteint les extrémités ; il n'y a eu aucun ménagement ; l'âpreté a été aussi loin qu'elle pouvait aller. Les vingt-huit ans qui viennent de s'écouler n'ont été qu'un combat : tout a convergé vers le combat. Tandis que d'un côté dés corps appartenant à des causes diverses s'unissaient pour soutenir en commun l'effort de l'assaut, de l'autre les républicains se divisaient en deux parts : ici les plus ardents, là ceux qui pratiquant les contingences du pouvoir parvenaient à cet état de modération qu'inspire la conscience des responsabilités. L'ardeur de la lutte a été telle, sur les deux fronts, qu'à peine pourrait-on dire quel était l'agresseur et si l'un quelconque des partis ne faisait que se défendre. Toute autre préoccupation a disparu devant celle de tenir tête à l'adversaire : les yeux sont restés fixés sur le terrain ; on a fini par ne plus voir en toute chose que le moyen d'atteindre l'ennemi ; on a converti en armes

les éléments pacifiques et ainsi s'est créé un
état d'esprit combatif dont tout procède et
qui inspire tout. Considérez par exemple les
articles du programme radical : ce sont des
mesures de représailles, des menaces contre
les adversaires. L'ennemi qui s'avoue vaincu
voit disparaître du programme l'article qui
le concerne. Ainsi il n'est plus question aujourd'hui de la suppression des armées per-
manentes parce que l'armée, qu'on redou-
tait jadis, a pris le parti d'obéir en silence;
on ne parle plus de la disparition de la pré-
sidence de la république, depuis que les présidents de la république se sont réfugiés dans
cette abstention que l'on appelle « correc-
tion; » le problème de l'abrogation du con-
cordat préoccupe de moins en moins à mesure que le clergé accepte la république.
Mais on délibère de supprimer le sénat dès
que le sénat fait quelque opposition et l'im-
pôt sur le revenu est dirigé contre les riches
parce qu'on ne les a pas pour soi. En dehors
de ce programme d'avenir, caractéristique

de cet esprit combatif, voyez ce qui a été fait :
les républicains depuis vingt ans ont accom-
pli deux grandes œuvres; le développement
dans sa plus large extension de l'enseigne-
ment primaire et l'organisation jusqu'à ses
dernières limites de la puissance militaire.
Ces deux œuvres en elles-mêmes n'avaient
rien qui ne pût les faire accepter de tous avec
satisfaction : on a été amené à les transformer
en instruments d'action contre quelqu'un.
Ainsi tout a été altéré.

Eh bien, la cause première de la désorientation présente en France est là : la génération de républicains qui finit a été une génération de luttes, elle a conquis la république; tant que la lutte a duré, elle a joué son
rôle; aujourd'hui la lutte est terminée, l'adversaire battu, perdant toutes ses troupes,
se tait, le feu a cessé; cette génération se
trouve en présence d'une situation nouvelle :
elle n'est pas faite pour elle. La conquête est
achevée, il s'agit de l'organiser, elle ne peut
pas l'organiser : elle ne le pourra pas : il faut

pour cette tâche des individualités accep-
tées de tous, pansant les blessures, unissant
les Français; elle demeure paralysée par les
colères qu'elle a soulevées contre elle.

Il ne suffit pas, de plus, pour décider un
peuple libre à vous suivre dans la voie des
réformes, de posséder sur lui cette autorité
que donnent le respect, la confiance et la
sympathie unanimes; il faut avoir une idée
précise de ces réformes, de celles qui sont
attendues et réclamées par le mouvement
de la civilisation. Absorbés par la bataille,
les républicains n'ont pu conserver cette liberté d'esprit nécessaire qui permet de dis-
tinguer impartialement les évolutions et les
seules inévitables. Nous venons de voir ce
qu'était le programme radical. Les changements qui y sont proposés sont-ils de nature
à améliorer l'état général? C'est possible. En
tous cas sous la forme et de la façon dont ils
sont présentés, puisque depuis vingt-huit ans
les radicaux n'ont pu les faire accepter de la
nation, la preuve est faite, c'est que tels qu'on

les présente, la nation n'en veut pas. La race française, a des défauts, mais elle a cette qualité à un haut degré, d'être généreuse. Dans un moment de colère on peut lui faire prendre des mesures hostiles contre ceux-ci ou ceux-là ; en temps normal, dans le calme de la réflexion, elle répugnera à accepter des dispositions qu'à tort ou à raison elle considérera comme des répressions vindicatives, surtout à l'égard d'un adversaire vaincu. Or les réformes radicales paraissent des répressions vindicatives ; et c'est ce qui les vicie, c'est ce qui les a rendues infécondes pendant un quart de siècle, c'est ce qui ne permet pas de supposer que dans leur état présent elles puissent jamais être admises de la nation.

Donc amenés à chercher quelles réformes ils pourraient accomplir, ceux des républicains qui en ont formulé, n'ont trouvé que des mesures inexécutables. Quant aux modérés qui sentant que ce programme n'était ni acceptable ni accepté de la nation, l'ont ré-

pudié, ils n'y ont rien substitué. Quelques
lois de protection et de mutualité ne constituent pas ces réformes dont nous parlions qui
mettent les institutions d'un grand peuple en
harmonie avec sa civilisation progressante.
Disent-ils que tout soit parfait en France, qu'il
n'y ait à modifier quoi que ce soit et que notre
peuple s'accommode parfaitement de ce qui
existe? Non. Ils sentent que des transformations sont nécessaires, mais ils ne les entre-
prennent pas, et ils ne les entreprendront pas,
parce qu'ils ne le peuvent pas.

Faire accepter à l'opinion publique un grand
changement est une tâche, aujourd'hui, on
dirait impossible. Qu'on tente de poser quelque grave question comme la refonte du
système fiscal et la décentralisation adminis-
trative : personne ne suit, ou de toutes parts
les oppositions se déclarent : il faut s'abstenir. La cause de ce phénomène est simple.
Un peuple suit un homme ou un parti dans
la voie des réformes s'il a confiance dans
cet homme et dans ce parti. Cette con-

fiance née de l'autorité morale qu'a su conquérir le réformateur, donne l'assurance à
ce peuple que les réformes sont mûries,
qu'inspirées par le désir exclusif de réaliser
le bien général, elles font partie d'un ensemble ordonné conforme à la civilisation de
ce peuple, enfin qu'une pensée une et maî-
tresse aboutira à un tout législatif logique.
Appliquez chacun de ces termes à la situation présente de la politique et laissant de
côté la nation, considérez seulement ce qui
se passe dans les assemblées parlementaires.
La défiance y règne à ce point que le parti
qui fait une proposition voit se dresser à
priori tous les autres contre lui : les meil-
leures intentions sont négligées, les pires ima-
ginées ; le projet tombe, soit qu'effectivement
il fut insuffisant, soit surtout que le parti qui
le présentait ait si peu d'influence qu'on ne
veuille rien de lui. Comment les masses de la
nation seraient-elles plus confiantes que les
députés? Elles le sont beaucoup moins parce
qu'elles s'aperçoivent par surcroît que grâce

aux habitudes de travail des Chambres chaque parti faisant introduire dans les lois les dispositions les plus contradictoires, on est exposé à voir produire des lois incohérentes. Et c'est dans la crainte de changements dangereux, effet immédiat de la défiance qu'inspirent les partis, que la nation reste silencieuse à toute proposition de réforme; et c'est parce qu'ils sentent cette disposition de l'esprit public que les modérés n'osent rien proposer, quelque sentiment qu'ils aient de l'utilité de certaines transformations, en même temps que les dispositions des partis dans les Chambres leur font trop prévoir un échec presque certain.

Ainsi en principe et en pratique, dans le domaine des idées et dans le domaine des faits, la situation à laquelle nous sommes parvenus présentement en France est condamnée à l'impuissance; effectivement elle est arrivée à cette impuissance. Malgré les plus grands efforts de beaucoup d'hommes de meilleure volonté, cette impuissance est irrémédiable avec les partis actuels. Considéré d'un peu haut et historiquement, l'état où nous sommes paraît une période de transition où un monde finit sans que celui qui va le remplacer ait encore paru ; les partis qui tiennent la scène depuis vingt-huit ans ont vieilli ; ils sont usés ; ils ne peuvent ni rajeunir, ni durer ; ils cherchent même à vivre et ils n'en trouvent pas les éléments : il est à peu près sûr que si quelque homme surgissait, ils seraient dispersés promptement.

Tout le monde a conscience de cette impuissance et de sa suite menaçante. De fait on n'est pas sans chercher un remède. De temps à autre on entend cette phrase : « il faut faire quelque chose ; » mais hormis un détail législatif on ne trouve rien. Alors on dit que la faute de cette situation retombe en définitive sur le suffrage universel qui ne donne aucune majorité ferme à l'un quelconque des partis dans les Chambres et chacun se tournant vers les électeurs les adjure

de se prononcer. Si le suffrage universel ne
donne la majorité à aucun des partis exis-
tants, c'est qu'il ne veut plus d'aucun d'eux,
qu'il juge sans doute qu'aucun d'eux ne représente le génie de la race, ses instincts, ses
besoins, qu'aucun d'eux ne convient plus ni
au temps ni aux mœurs et qu'il veut ou attend
autre chose. C'est une illusion de croire que
les Français aient leurs idées arrêtées en politique courante et se classent nécessairement
dans un des partis parlementaires. La grande
majorité, au contraire s'occupe de travailler,
et a, sur les questions d'État, un minimum
d'idées d'ailleurs remarquables de justesse et
de bon sens. C'est également une illusion
de penser que la France soit éternellement
condamnée à évoluer dans les cadres politiques actuels, qu'il n'y ait d'autre solution de
la question présente que l'une de celles qui
sont proposées et qu'on soit en droit de dire
aux Français : « Vous ne pouvez être que ceci
ou cela. » Ce n'est pas le sentiment du suffrage universel et la preuve en est dans les

abstentions. Ces abstentions croissent de jour en jour, on n'y prend pas garde, c'est ce qu'il y a de plus dangereux. L'homme qui s'abstient porte un jugement; ce jugement c'est que rien de ce qu'on lui présente ne lui plaît : il est mécontent. L'armée silencieuse des abstentionnistes est une formidable ré-serve qui à l'heure où s'offre un nouveau venu, le général Boulanger, parlant de faire table rase, donne en masse et risque de tout emporter. Aux élections générales de 1893 plus de la moitié des Français a refusé de voter. Nous disons que nous sommes là en présence d'un péril. Le suffrage universel ne donne délibérément le pouvoir à aucun parti, parce qu'il ne veut d'aucun d'eux : formule nouvelle ou homme nouveau il désire autre chose. La question qui se pose n'est donc pas de dire aux électeurs : « Choisissez entre les radicaux ou les modérés, soyez l'un ou l'autre, » les électeurs ne veulent pas choisir; mais de trouver cette formule nouvelle.

Alors on entend ceci : « Eh bien que le

suffrage universel fasse savoir ce qu'il désire ; dissolvez les Chambres, renvoyez-les devant lui. Les électeurs ne veulent pas de ce qui existe, soit ; donnez-leur le loisir de parler et qu'ils nous renseignent. » Puis comme les élections n'apprennent rien, que les électeurs ou s'abstiennent ou éparpillent de plus en plus leurs voix sur une infinité de nuances, on conclut que le suffrage universel ne sait pas ce qu'il veut, on murmure et quelques esprits plus ardents songent que le remède du mal serait dans sa modification. Si le suffrage universel ne dit pas ce qu'il veut, c'est qu'il ne peut pas le dire ; il ne peut que voter, c'est-à-dire choisir ; s'il ne choisit rien, il lui est par ailleurs impossible d'indiquer lui-même vers quelle idée il se porterait dans le cas où on la lui présenterait. Et ainsi plus nous allons, plus le malentendu s'accroît. Ceux qui votent, ne sachant clairement où aller, se dispersent. Chaque élection augmente la confusion. Loin de fortifier une majorité quelconque ou même de la constituer, les élections générales désagrégeront les Chambres à mesure jusqu'à l'entier éparpillement des partis. Par l'usure et l'émiettement, ceux-ci s'affaisseront de la sorte peu à peu, jusqu'au moment où la constitution d'un gouvernement susceptible de durer quelques heures devant une Chambre extraordinairement divisée, étant reconnu impraticable, nous aurons abouti à l'extrémité de cette situation. Mais nous ne pensons pas à cette extrémité; nous ne songeons pas que nous pouvons brusquement nous arrêter face à face avec une réaction dictatoriale. Le boulangisme a trahi dans les masses de la nation une surprenante désaffection. Parce que les forces hostiles qu'il a subitement dévoilées n'ont pas aujourd'hui de point d'application qui les manifeste, on croit qu'elles n'existent plus. A l'imitation de M. Guizot qui avait interposé entre la nation et lui le pays légal, ne voyait que celui-ci, et ne s'avisait pas que derrière il y avait le peuple entier plus puissant que tout et qui le lui fit comprendre, nous avons, nous aussi, placé entre ces masses et nous un autre pays légal, un écran, formé de politiciens locaux; nous n'entendons qu'eux, ce sont eux que nous appelons « le pays; » ce sont eux qui tiennent les mêmes discours à tous les ministres, à tous les présidents et disent à ces ministres, suivant leurs idées, ce qu'ils désirent. Il y a quelque chose derrière ces figures mobiles, ce quelque chose que nous semblons ne pas voir, qui ne parle pas, qui sent puissamment et autrement, c'est l'âme de la France : nous n'y prenons pas garde !

Or une telle impuissance n'est pas seulement un danger politique, elle est une menace pour la société. Un peuple comme le nôtre, fait pour l'action, doit être tenu dans un continuel état de tension par une grande idée à poursuivre ou un but à atteindre. Le jour où il s'arrête, où les liens qui tenaient en cohésion les différentes parties, se relâchent, l'ensemble entre en dislocation : Le succès actuel du socialisme n'est dû qu'à cette cause. Qu'é-

taient les socialistes il y a quinze ans? A ce
moment les partis républicains étaient dans
toute la confiance de possesseurs certains de
l'avenir; ils occupaient la scène politique tout
entière; ils la remplissaient : les socialistes
n'étaient rien. Le boulangisme apparut. Ce
boulangisme dévoila le sentiment inattendu
des masses de la nation à l'égard des partis
républicains. On pourra analyser toutes les
raisons que l'on voudra de ce mouvement
étrange il n'en restera pas moins ce fait que
la France a été sur le point de sacrifier d'un
geste nos partis et cela pour le premier venu
sans mérite, sans passé, qui a plus manqué à
l'œuvre que l'œuvre ne lui a manqué! Cette
sorte de révélation, car en définitif jamais
pareille aventure n'aurait pu se produire sous
un gouvernement populaire, cette révélation
jeta les républicains dans le découragement :
il y eut une brisure, et depuis, ils n'ont plus
retrouvé le vigoureux élan d'autrefois. Les
radicaux restèrent les plus atteints; ils s'effa-
cèrent de longs mois. Le boulangisme fut

suivi d'une manière de prostration générale, car tous les partis étaient semblablement diminués. La scène demeura vide, et c'est parce qu'elle était libre que les socialistes y montèrent. Les socialistes ne doivent leur importance actuelle qu'à ce fait que personne n'occupe l'esprit public d'une idée qui soit féconde. Qu'on se demande ce qu'ils deviendraient si quelque grande question nationale venait à passionner les Français, on ne les écouterait plus. L'histoire d'hier en fait foi. Les socialistes étaient autrement puissants en 1848 qu'ils ne le sont aujourd'hui; les journées de juin venaient de montrer quelle était leur place. Puis, Louis-Napoléon Bonaparte se présenta, détournant notre peuple vers des sujets politiques, on ne pensa plus à eux. C'est qu'en effet, il est une considération qui devrait prémunir les esprits trop enclins à s'exagérer les dangers du socialisme. L'histoire démontre que dans tous les temps et dans tous les pays on a pu tenter des révolutions politiques et les réussir, on n'a jamais pu faire aboutir une révolution sociale. On passionne les hommes pour des idées politiques, on ne les passionne pas pour des intérêts. Les mouvements sociaux se font lentement, par le progrès des mœurs; on ne les précipite pas dans des chemins qui paraissent encore étranges au plus grand nombre. La grande évolution sociale à laquelle notre siècle assiste, produit direct du développement dans la conscience individuelle du sentiment de dignité humaine et du besoin de liberté, tend à détruire l'ancien arbitraire patronal, contraire à cette dignité, pour lui substituer un autre régime qui est, très vraisemblablement, l'association libre et digne du travail au capital : elle y arrivera. Mais la suppression de la propriété et la sujétion tyrannique de tous les hommes à un labeur forcé sont des conceptions spéculatives qu'on a greffées sur cette évolution et avec laquelle elles n'ont pas de rapport nécessaire. Elles n'ont aucun avenir, non seulement dans le domaine des faits, parce qu'il est absurde de supposer qu'un groupe d'hommes pourra venir à bout de confisquer leur propriété et leur liberté à ceux qui en ont et qui y tiennent, c'est-à-dire à la majorité des Français, majorité appuyée sur une machine d'État très forte et une puissance militaire la plus considérable qui se puisse organiser; mais encore dans le domaine des idées, puisqu'il s'agit en somme, d'enlever leur droit à cette majorité pour constituer des privilèges à une minorité — exactement l'opposé de ce qu'a fait la révolution — entreprendre un changement contraire à notre sentiment de justice, en ce qui concerne la propriété, et odieux, en ce qui concerne notre liberté, pour finalement substituer à ce qui existe un régime que personne ne voit clairement. Ce n'est pas avec un pareil ensemble que l'on entraîne la race française, et de fait elle ne s'entraîne pas. Mais pour que d'aussi impraticables idées aient pu se produire, pour qu'elles soient brillamment défendues et laborieusement combattues, il faut bien qu'il règne dans tous les esprits une désorientation; il faut surtout que dans le vide où nous sommes d'idées générales on soit réduit à subir les pires systèmes qui se présentent. Et en effet, plus loin encore que les théoriciens du collectivisme notre temps a vu éclore une école de brigandage élevant le crime de la destruction des hommes et des choses à la hauteur d'une doctrine rationnelle. Ainsi l'impuissance des partis politiques, l'absence de toute cause nationale dirigeant les intelligences et la sorte de stagnation générale qui en résulte ont pour conséquence l'apparition des éléments qui visent à détruire la société et qui arrivent, au moins à la troubler.

Les Français ne peuvent pas consentir à demeurer indéfiniment dans cette impuissance. Sous le calme apparent qui règne, un mécontentement général, qui ne paraît pas, nous le redisons, parce qu'il n'y a pas de formes par lesquelles les forces négatives latentes puissent se traduire — les masses populaires ne criant « à bas ceci! » que lorsqu'elles peuvent crier « vive cela! » — dispose ces masses à se jeter vers le premier homme qui se présenterait : il n'est aucun républicain clairvoyant qui ne le sente. Il est donc de nécessité de prévoir l'avenir et d'y parer. De toutes façons, d'ailleurs, que faire? Peut-on vivre pendant des siècles en discutant des lois de protection et en argumentant contre les socialistes? Est-ce là un programme suffisant à proposer aux générations futures? Notre peuple, placé à l'avant-garde de la civilisation, a l'instinct d'une vie nationale large et de libre allure : il n'aime pas l'indécision, il tient l'inaction pour contraire à son caractère et à son rôle : il a besoin d'aller d'un pas ferme suivant une pensée claire et forte qui le guide; il a le génie des grands faits et des grandes idées. Si on veut éviter la dictature latente vers laquelle le rejettera son découragement, il est urgent de donner satisfaction à ces instincts. A la place de nos cadres de partis fatigués par tant d'années de lutte, sans forces, sans avenir, il s'impose de chercher la cause qu'il attend inconsciemment.

*
* *

Quelle peut être cette cause?

La civilisation d'un peuple est dans une perpétuelle évolution. Sous l'influence du développement de la personnalité humaine qui est continu à travers les âges, sous l'influence aussi du perfectionnement de ce grand nombre d'éléments matériels qui constituent l'ensemble de cette civilisation, une société se transforme d'une façon permanente ; chaque époque voit naître des situations morales particulières, se créer ou s'accentuer des besoins sociaux déterminés. La politique n'a essentiellement qu'un objet, c'est précisément de s'assurer si les institutions d'un État qui, sans l'intervention raisonnée des hommes, demeureraient immuables, conviennent à ces besoins sociaux, et, dans le cas où elles les contrarient, examiner en quoi elles les contrarient et quelles sont les modifications qu'il leur faut faire subir pour les mettre en harmonie avec les mœurs. Le mécontentement d'une nation provient toujours de ce qu'il y a en un point quelconque, antagonisme entre le caractère de cette nation et sa législation, où la manière dont celle-ci est appliquée. Il s'agit donc de constater les besoins élémentaires de notre race, en ce moment-ci, les instincts dominants que nous ressentons tous en nous-mêmes, puis voir, autour de nous, à l'égard de ces instincts, comment nos institutions fonctionnent, et si ce fonctionnement leur est contraire, déterminer les évolutions utiles. Telle est la seule base possible d'une politique quelconque. On doit généraliser assez pour ne mettre en ligne de compte que peu d'instincts et des instincts qui tiennent au tempérament national, qui soient communs à tous, sur lesquels tous puissent s'accorder.

Ces instincts sont connus. Le problème actuel étant de les satisfaire, ce problème est posé depuis longtemps. Les questions de civilisation ne surgissent pas brusquement; elles sont amenées lentement à leur maturité;

l'histoire des temps qui ont précédé nous in-
dique par ses vicissitudes les termes mêmes de cette question ; en nous consultant
nous-mêmes, Français de ce temps, nous
nous assurons de la réalité de ces termes et
nous sommes certains qu'ils paraissent pro-
bables au plus grand nombre.

Nos révolutions de ce siècle oscillent entre
deux extrêmes, le désordre et le despotisme.
Avec des dénominations très diverses les
Français qui font de la politique se classent
en deux catégories, les partisans de toutes
les libertés, sous le mot de république, et
les partisans d'une autorité certaine, parce
qu'elle est immuable, sous le nom de monarchie, ou d'empire. Nous ne sommes pas en
présence de deux traits de caractère exclusifs,
comme appartenant à deux races distinctes et
hostiles. A l'heure qu'il est, une mesure de
tyrannique oppression ne révolterait personne plus vivement que les monarchistes ou
les impérialistes, et personne ne connaît

mieux que les républicains cette application poussée à ses dernières limites du principe d'autorité qu'on appelle le jacobinisme. Nous avons devant nous des exagérations en tous sens de deux sentiments qui réduits à leur expression simple s'appellent l'ordre et la liberté. Tous, à la fin de ce siècle, nous tenons aux deux, seulement les uns craignant notre inexpérience de la liberté, se rejettent vers l'extrémité opposée d'un ordre fixe ; les autres tiennent à la liberté mais hésitant à la régler par excès de respect pour elle, laissent aller les choses à la confusion.

Si des politiques nous passons à l'ensemble des Français et que nous les consultions individuellement, nous trouvons d'abord en eux une notion élevée de la dignité humaine : ils veulent qu'on les respecte ; le plus modeste a une fierté ombrageuse qui ne supporte aucune domination. La conséquence de cette disposition est le goût de la liberté, c'est-à-dire du droit d'user de soi-même comme il l'entend et de ne disposer de son activité intel=

lectuelle et physique que dans la mesure où cela lui convient. Mais en même temps qu'il est fier, le Français d'aujourd'hui a un sentiment inné de la justice, sinon dans la manière dont il se conduit envers les autres aux heures de trouble, du moins dans la façon dont il entend être traité. Ce sentiment est si fort, qu'il voudrait voir réprimer avec rigueur toute injustice, c'est-à-dire toute atteinte à son droit et à celui d'autrui et parmi ces droits, la liberté. On peut donc le définir : un être qui a besoin d'une liberté aussi étendue que possible, et d'une protection énergique de cette liberté contre l'excès de cette liberté chez un autre.

Le Français a ainsi transporté dans le domaine politique ses instincts particuliers que déterminait son tempérament de race, et entraîné par sa nature nerveuse les a exagérés jusqu'à établir entre ceux qui tenaient plutôt pour l'un et plutôt pour l'autre un antagonisme qui semble irréductible. Mais, en réalité ces deux instincts nous sont bien com-

-muns à tous ; nous les avons l'un et l'autre
en nous-mêmes à des degrés égaux : tous
nous sommes jaloux de notre liberté, et tous
nous tenons à ce que le jeu de cette liberté
s'exerce régulièrement, qu'il soit maintenu
dans cette régularité fermement ; tous, de
par notre fierté, nous avons le goût d'un
pouvoir vigoureux, pour cet office. Et c'est
ainsi que le même peuple qui a fait tant de
révolutions en vue de fonder sa liberté a si
docilement subi les plus étroits despotismes
c'est ainsi qu'après avoir payé si cher la ruine
de la monarchie sous la révolution et établi
son indépendance au prix de tant de sang, il
l'a sacrifié à la fin du Directoire, au profit
d'un maître ; qu'après avoir encore renversé
la restauration en 1830, la monarchie de
juillet en 1848 en affrontant on sait quels
dangers, il s'est livré pieds et poings liés à
Napoléon III ; qu'aujourd'hui, enfin, après
avoir pendant vingt ans découragé sans ré-
pit les royalistes et les impérialistes, il s'a-
bandonnait au boulangisme. Il n'y a pas con-

tradiction dans ces mouvements opposés, il y a impatience. C'est parce qu'ils ne donnaient pas la liberté que les Français ont renversé les régimes d'ordre qu'étaient la monarchie et l'empire ; c'est parce qu'elle n'assurait pas l'ordre qu'ils ont laissé la république en 1799, et en 1851.

A l'heure où nous sommes, voilà les deux instincts essentiels que nous trouvons en nous, Français de la fin de ce siècle, en nous consultant : le besoin d'une liberté entière que ne limite pas la volonté irresponsable d'un chef d'État mis en dehors et au-dessus de nous par l'hérédité, et le besoin de voir cette liberté protégée par un pouvoir énergique. Nos pères ont prévu et dit que l'œuvre de l'avenir serait de concilier ces deux instincts, nous le sentons nous-mêmes ; la politique actuelle en France ne peut avoir d'autre objet que celui-là. C'est là l'idéal qu'il faut placer devant nos yeux : des hommes libres dans un État fort, l'indépendante évolution de l'individu dans un ordre public for-

tement maintenu ; à chacun toutes les facul-
tés d'agir, mais d'infranchissables obstacles
constitués par une inflexible autorité s'il veut
nuire ; la tyrannie, c'est-à-dire l'oppression
ou possible, ou réelle de la liberté des citoyens, de quelque part qu'elle vienne dé-
truite et la vie libre s'épanouissant dans une
harmonie puissamment réglée. Organiser les
institutions pour réaliser cet idéal est le seul
moyen de satisfaire les besoins latents de
notre peuple, c'est en même temps mettre en
concordance les lois et les mœurs, contribuer
au progrès général en suivant le sens de la
civilisation ; enfin c'est trouver cet équilibre
politique que la France cherche depuis cent
ans à travers des oscillations extrêmes, lorsque la vérité est dans une juste accommodation moyenne.

Maintenant, à la lumière de ces principes,
examinons ce que nous avons autour de nous
en ce moment ; voyons dans l'ensemble et le
détail de la politique en quoi ce qui existe
s'écarte de cet idéal.

**
* *

La Chambre des députés a, sur le caractère et l'étendue de son autorité la doctrine suivante : elle dit : les députés sont les élus du suffrage universel ; parmi les différents organismes supérieurs de l'État ils sont les seuls qui tirent leur origine de cette source ; or le suffrage universel c'est la nation souveraine ; ils sont donc les représentants du souverain. Il est inadmissible qu'il y ait dans l'État un corps ou un homme quelconque qui prétende être au-dessus de la souveraineté de la nation : il faut que tout le monde s'incline devant elle ; les députés sont les seuls délégués de cette souveraineté, ce sont eux seuls qui doivent avoir le dernier mot en tout.

La pratique a mis les faits en accord avec cette doctrine. La constitution établit à côté de la Chambre d'autres pouvoirs indépendants ou à demi indépendants pour équilibrer l'ensemble : ils ont tous dû reconnaître la prééminence effective de la Chambre. Le chef du pouvoir exécutif, le président de la république, est, de par les lois, irresponsable : singulière chose, d'ailleurs que l'existence d'un magistrat, et le premier de tous, irresponsable dans une démocratie, l'irresponsabilité étant la négation du principe du gouvernement de la société nationale par elle-même. La Chambre a peu à peu amené le président à se tenir dans une réserve absolue; il ne lui est pas permis d'exercer la moindre action; sa fonction est devenue purement représentative, d'effet ou de valeur propre, elle n'en a plus. A côté de la Chambre et sur le pied d'égalité les mêmes lois instituaient une seconde assemblée, le Sénat, élu par un suffrage restreint avec mission de reviser les décisions de la Chambre, au besoin de les casser. L'existence même de l'assemblée sénatoriale n'est pour la Chambre qu'un sujet d'irritation. Il a été souvent question de supprimer le Sénat; on ne le peut pas; on a restreint ses attributions; on parle de les restreindre encore : morale-

4.

ment le Sénat n'est pas l'égal de la Chambre ; son existence est effacée, il a peu de part au mouvement de la politique, il approuve à quelques détails près ce qu'on lui envoie, évite tout conflit en cédant et se soumet à l'autorité de la Chambre comme le président de la république s'est soumis. Au-dessous du président de la république, la responsabilité du pouvoir exécutif appartient à des ministres. Ces ministres, de par l'organisation présente de l'État, en France, sont, en droit, extraordinairement puissants : ils disposent de tout cet État, nomment, révoquent, ordonnent : on obéit. Voilà des personnages dangereux. La Chambre en a fait ses plus simples « commis ». C'est elle qui les choisit, c'est elle qui les renvoie et elle les renvoie si facilement, pour des prétextes si légers, voire même sans prétexte, que les ministres, quelque calme que soit la politique, ne sont pas sûrs de la fin du jour. Tenus en haleine, ils n'ont qu'une idée qui est d'épier le moindre changement dans l'humeur de l'assemblée, de s'y conformer et même de le prévenir. Leurs paroles et leurs actes sont relevés ; on ne les questionne pas sur leurs secrètes intentions, leurs intentions supposées, on les interpelle, ce qui veut dire on délibère de les chasser. On ne les prend pas seulement à partie sur ce qu'ils font ou pensent, mais sur ce que font les agents placés sous leurs ordres, en sorte qu'étant en continuelle attention, ils doivent tenir leurs agents pour que ceux-ci ne bougent d'une façon qui puisse irriter l'humeur de la Chambre. Parmi ces agents, dépendent des ministres au moyen de l'avancement et des honneurs, les magistrats qui rendent la justice. Les avancements et les honneurs ne sont pas accordés indistinctement. Il fut un temps où les magistrats en place déplaisaient : on a suspendu l'inamovibilité de la magistrature pour les changer ; aujourd'hui ils sont apparemment ce qu'on désire. En résumé l'État tout entier, y compris la justice, est dans la main des ministres ; les ministres sont les serviteurs passifs de la Chambre ; personne n'ose constitutionnellement faire obstacle à une volonté de cette chambre et si l'on songe que par une de ces volontés appelées loi, la Chambre dispose de la vie, de la liberté et des biens de tous les citoyens, il faut conclure que la situation politique actuelle de la France présente en définitive un maître, qui a imposé sa domination à tous, aux fantaisies résolues duquel nul n'est en mesure de s'opposer et contre les décisions, nommées lois, de qui, il n'existe pour le simple citoyen aucun recours possible.

Eh bien ! le régime légal auquel nous nous trouvons actuellement soumis, nous Français, sinon de par la volonté réfléchie de quelques-uns, au moins par la fatalité des choses, c'est le despotisme, le despotisme dans toute son ampleur avec son caractère et ses conséquences. Il n'y a pas plusieurs despotismes, il n'y en a qu'un, celui que Pascal définit : « le désir de domination universelle et hors de son ordre. » Qu'il soit exercé par un roi qui dit tenir son droit d'une délégation de l'autorité souveraine de la nation faite par celle-ci à sa famille il y a plusieurs siècles, qu'il soit exercé par un Napoléon qui s'est fait donner à lui-même cette délégation au moyen d'un plébisciste, ou qu'il soit exercé par un groupe d'hommes qui assure que la nation lui a confié la même délégation sous la forme d'une élection, il y a quatre ans, c'est toujours le despotisme si tous les citoyens sont à la merci d'un maître. Dira-t-on que l'opinion publique et l'appréhension des élections contiennent les députés? Actuellement c'est ce qui se produit. Voilà pourquoi, peut-être, nous ne sentons pas dans son étendue le caractère tyrannique de la conception d'État qui nous régit. Mais cette garantie est fragile. Que quelque danger extrême surgisse inspirant les dernières mesures, l'opinion publique et l'élection seront de peu de poids : on agira. Nous sommes aussi peu avancés, théoriquement, que si nous vivions sous l'omnipotence napoléonienne ou le bon plaisir de l'ancien régime. Ce serait un sujet curieux que de comparer le pouvoir de la Chambre actuelle et le pouvoir royal au siècle dernier : on arriverait à de singulières similitudes. Comme les députés se disent l'autorité dernière et supérieure de l'État, les chanceliers de France affirmaient aux lits de justice que dans la royauté seule résidait l'autorité dernière et supérieure à toutes lès autres ; comme ils s'indignent que qui ce soit, sénat ou ministres leur résistent, ainsi les courtisans de Versailles trouvaient révoltant qu'on tînt tête à la volonté royale. Les ministres sont auprès de la Chambre ce qu'ils étaient auprès de Louis XV, des créatures livrées à la fantaisie d'un maître qui fait ce qu'il veut et les renvoie sans leur dire pourquoi. Au-dessous des ministres l'administration entière est le docile serviteur de ce maître. On écrivait jadis : « le roi veut ceci, le roi veut cela » ; on écrit aujourd'hui « la Chambre veut ceci, la Chambre veut cela, » et quelque absurde que soit cette volonté, il ne vient à la pensée de personne qu'on puisse discuter, aujourd'hui comme il y a cent cinquante ans.

Autrefois le roi était tout. Au siècle dernier la magistrature a tâché de se constituer en pouvoir judiciaire indépendant pour réfréner cette omnipotence, elle n'a pas réussi ; si elle avait réussi, elle eut mis en tutelle la royauté et installé probablement à son tour sa domination. Mais à la fin du siècle a surgi le troisième pouvoir, le pouvoir législatif, et celui-ci soumettant les deux autres a installé à la place sa propre tyrannie, ne se doutant pas qu'il faisait siennes toutes les théories des rois auxquels il succédait. Ainsi depuis cent ans les Français font révolutions sur révolutions pour détruire le despotisme, ce despotisme, ils ne l'ont pas détruit, ils l'ont déplacé. Le mal que de bons esprits avaient prévu s'est donc réalisé ; ce que Royer-Collard nommait « le despotisme composé » s'est constitué ; la crainte que Jefferson exprimait à Madison lorsqu'il lui écrivait en 1789 : « le pouvoir exécutif n'est pas le seul, il n'est peut-être pas le principal objet de ma sollicitude ; la tyrannie des législateurs est... le danger le plus redoutable, » s'est justifiée. Benjamin Constant disait que la souveraineté ayant été transférée du prince à la nation, tant qu'on n'aurait pas organisé l'exercice d'un gouvernement libre, cette souveraineté serait accaparée ou par un homme, ce fut Napoléon, ou par quelques personnes, et c'est le point où nous sommes.

Voilà donc un premier désaccord remarquable entre l'instinct de liberté des Français d'aujourd'hui et la conception despotique du pouvoir d'État auquel ils sont soumis.

Examinons de près, maintenant, les conséquences que cette doctrine de l'autorité publique a pu avoir dans le détail des faits.

La nécessité de ne pas mécontenter et de satisfaire la Chambre des députés, a conduit les ministres à décomposer, pour ainsi dire, cette nécessité, en l'appliquant privément à chaque député. Dans un temps où les députés ne sont plus soutenus devant les électeurs par quelque grande idée qu'ils défendent ou quelque belle cause à laquelle ils appartiennent, ils en sont réduits, pour se maintenir, à faire de la politique électorale, c'est-à-dire à subir les exigences de tous ceux de leurs mandataires qui ont des intérêts particuliers à faire prévaloir, à défendre ceux-ci. Lorsque ces intérêts particuliers sont contraires à l'intérêt public, si le mandataire est important, et si le député est considérable, l'intérêt public cède devant ces intérêts particuliers. L'électeur ne s'occupe que de son bien personnel ; le député, quelque contraire qu'il soit à ces prétentions, doit céder ; le ministre pressé instamment ou menacé, sacrifie ce qui lui importe peu, au fond, puisqu'il n'était pas ministre hier, ne le sera pas demain et ne conserve aucune responsabilité civile. Nous sommes donc en présence d'un système qui se définit ainsi : substitution de la multitude contradictoire des intérêts privés à l'intérêt public. Si l'intérêt public est sacrifié aux intérêts privés, à plus forte raison les fonctionnaires qui cherchent à le sauvegarder. Les fonctionnaires sont à la merci des humeurs locales. Quand ils les provoquent seulement en faisant leur devoir, le député est prié de les faire disgracier et les fonctionnaires sont disgraciés. Ils doivent donc céder devant elles, les ménager, obéir le cas échéant, en tous cas effacer l'autorité d'État qu'ils représentent. Cette autorité devrait être une, forte, égale, désintéressée; elle faiblit ou se pulvérise entre les mains d'une foule de personnes qui la font agir comme elles le veulent et au profit de qui elles veulent; pour mieux dire, il n'y a plus d'autorité.

Dire que l'office de l'État doit être de satisfaire les intérêts particuliers, pourrait encore paraître une assertion acceptable : il faut d'abord que ces intérêts soient subordonnés à l'intérêt général, ce n'est pas ici le cas; il faut encore et surtout que tous les citoyens, sans exception, bénéficient de cette doctrine et ce n'est pas davantage ce qui se produit. Les faveurs et les facilités administratives sont réservées aux amis du parti au pouvoir; les fonctionnaires doivent se donner à ceux-ci et combattre les adversaires. Supposons que les premiers soient les modérés et ceux-ci les radicaux, ou inversement, et voyez où peut en être réduit, par ailleurs, ce fonctionnaire. Si dans sa circonscription le parti au pouvoir n'a qu'une minorité infime, et qu'il le soutienne contre la majorité contraire, celle-ci l'attaque et finit par le faire chasser ; s'il persiste à rester avec cette majorité, c'est le gouvernement qui le frappe ; dans le cas où il veut louvoyer et ménager tout le monde, c'est-à-dire, en somme, s'abstenir, les ministres lui reprochent sa tiédeur et exigent qu'il s'engage à fond ; il s'engage à fond, le ministère tombe, le parti adverse prend le pouvoir et le fonctionnaire est révoqué.

Tous ces faits sont essentiellement contraires au principe d'un État bien réglé ; ils ne se nomment pas de deux façons, c'est l'anarchie.

Et voilà encore un second désaccord, considérable celui-ci, entre les instincts d'ordre des Français et la pratique anarchique de l'administration de leur État.

Or, dans quel cadre un pareil assemblage du despotisme théorique d'en haut joint à l'anarchie d'en bas a-t-il pu se constituer? Dans un cadre qui a été fait à un autre âge que le nôtre, il y a cent ans, au milieu de circonstances exceptionnelles, à la suite d'une dislocation de la société qui exigeait d'énergiques mesures pour réagir contre la décomposition précédente ; un cadre qui a été construit par un autocrate dont le but était de réduire la nation à l'obéissance ; par un soldat qui voulait transformer la France en une place d'armes militairement disciplinée, d'où il pensait aller conquérir le monde. Il ne reste rien de ces raisons, la civilisation s'est dirigée dans un sens opposé : les créations du César subsistent, elles et leur esprit. Ces créations, corps et doctrine, constituent comme un immense filet qui s'appliquant en mailles serrées sur la nation empêche qui que ce soit d'agir. Si depuis un siècle les Français n'ont pas brisé ce filet, qui les anémie, les ankylose, et provoque, comme dit Taine, « toutes

les infirmités qu'il comporte, arrêt de développement, trouble de la sensibilité, insta-
bilité de l'équilibre interne, travers de l'in-
telligence et de la volonté, idées fixes et idées
fausses, » c'est qu'ils lui savent gré, au fond,
d'avoir tenu l'État en cohésion, lorsque les
révolutions se succédaient sans interruption
à la tête. Mais si pendant longtemps on a pu
le subir pour des motifs particuliers, il ar-
rive un moment où la souffrance devient ex-
cessive, où un sentiment de révolte peu à
peu se trahit, et où les hommes cherchent et
trouvent le moyen de se dégager de cette
compression.

Le moyen que les Français ont trouvé :
c'est l'association. Il n'est pas douteux que
le grand mouvement corporatif moderne,
par lequel nous groupons nos forces pour les
décupler, ne provienne d'autre cause que
des sentiments de sujétion et d'impuissance
qu'inspirait au Français le fait d'être seul,
devant la masse écrasante de l'État. Il a voulu
former contre la force qui le paralysait un

faisceau de volontés résistantes, afin de se dégager, et il y réussit. On pourrait établir un intéressant parallèle entre notre mouvement moderne et le mouvement communal du douzième siècle. Dans ce temps aussi, les hommes ayant à secouer la tyrannie féodale qui les étreignait, se sont associés pour la combattre. Les mêmes effets proviennent des mêmes causes; les mêmes tyrannies amènent les mêmes révoltes et sous les mêmes formes. C'est à ce phénomène qu'il faut rapporter un certain nombre de manifestations d'ordre identique qui, éparses, ont peu de sens, et groupées s'éclairent, tels que la constitution d'universités autonomes ou le désir de voir se constituer des unités administratives régionales un peu indépendantes. Il y a donc effort général de notre peuple, aujourd'hui, à rompre les mailles du filet que la constitution de l'an VIII a étendu sur lui. En ce point encore, la législation et l'esprit dans lequel elle est appliquée sont en contradiction avec nos mœurs. Le gouvernement public partagé entre le goût de l'ancienne tradition et la nécessité de donner satisfaction aux tendances nouvelles, abandonnant là, reprenant ici, et imprimant de la sorte à l'évolution qu'il ne règle pas, qu'il ne peut ni arrêter ni organiser, des secousses vives, ne parvient qu'à accroître la gêne troublée. Il est à craindre que si le mouvement corporatif était abandonné à l'aventure, il ne devînt un danger, au lieu du bien qu'il peut être ; comme le mouvement communal du moyen âge auquel il ressemble, il serait un mal, s'il n'aboutissait qu'à constituer des oligarchies oppressives pour les individus.

Ainsi, la situation actuelle de la France, dégagée en traits rigoureux, nous présente le despotisme théorique dans les pouvoirs publics, le désordre réalisé dans l'administration inférieure, et le tout dans un cadre de tyrannie, œuvre de la pensée césarienne, voilà en quoi l'état présent de la France est contraire aux instincts d'ordre et de liberté

de notre peuple, en quoi il s'écarte de l'idéal
que poursuit dans son développement notre
civilisation qui est celui de Français libres de
toute oppression, travaillant paisiblement sous
un gouvernement égal pour tous, fort et juste,
dans un ordre public vigoureusement réglé.

La question se pose maintenant de savoir
ce qu'on peut faire pour ramener les institutions et les mœurs à une juste harmonie.

*
* *

La réponse à cette question, nous allons la
demander à la révolution.

La Déclaration des droits de l'homme dit
en son article 16 : « Toute société dans laquelle la garantie des droits n'est pas assu-
rée ni la séparation des pouvoirs déterminée,
n'a pas de constitution. »

Cette phrase, croyons-nous, est la plus lu-
mineuse définition qui soit et du vice premier de notre état politique et du seul moyen
d'y remédier. Oui, au fond, tout le malaise
général procède de ceci, qu'il n'existe pas en

France de garanties, garantie des citoyens, garantie des collectivités, garantie des autorités, et que cette absence de garanties provient de la confusion de pouvoir que représente la subordination du pouvoir judiciaire au pouvoir exécutif, du pouvoir exécutif au pouvoir législatif, et de tous les organismes qu'on avait pu imaginer pour équilibrer ce pouvoir législatif, à un seul, la Chambre, maître souverain de la vie, des biens et de la liberté des citoyens. La cause initiale de l'ensemble est certainement la conception de cette idée de souveraineté qui engendre le système de la domination et conduit comme par une pente fatale au despotisme universel. La première réforme a entreprendre doit donc être de supprimer dans notre métaphysique politique cette idée de souveraineté. Il était bon d'en parler jadis lorsque la question se posait de savoir à qui elle devait appartenir, du roi ou de la nation ; aujourd'hui qu'elle appartient sans conteste à la nation, elle est à tout le monde, c'est-à-dire à personne ; la faire intervenir c'est armer ceux qui s'en disent les représentants du plus dangereux des pouvoirs, parce qu'elle autorise tous les excès et justifie toutes les tyrannies. Ou plutôt si on ne saurait la détruire, qu'on la déplace : elle était autrefois au roi, elle est passée à la nation, de la nation qu'on la transporte au droit et à la justice. Un peuple qui cherche à s'organiser de façon à ce que le dernier mot demeure non à celui-ci ou à celui-là, mais au droit, est assurément un peuple qui a fait un pas considérable dans la voie de la vérité où marchent les nations : sa valeur morale est grandie : il a atteint un état supérieur de civilisation.

Le moyen d'y parvenir n'est pas seulement indiqué par l'article de la Déclaration des droits de l'homme que nous venons de citer, il ne l'est pas seulement par le bon sens, il est presque impérieusement commandé par notre histoire. La lutte en ce siècle du désordre et du despotime en France s'est traduite directement dans les faits par l'omni-

potence alternative des pouvoirs exécutifs et
législatifs. Lorsque le pouvoir exécutif est le
plus fort, il annihile les autres et établit le
despotisme ; lorsque le pouvoir législatif pré-
domine, lui aussi il annihile à son tour les
autres, mais aboutit à l'anarchie. De même
que le simple jugement fait pressentir aux
Français que la solution de cette lutte séculaire de l'ordre et de la liberté ne peut se
trouver que dans une harmonieuse concordance des deux, ainsi il est tout indiqué qu'on
ne mettra un terme à ces excès successifs
de tyrannie de la part du pouvoir exécutif et
de la part du pouvoir législatif qu'en les équi-
librant mutuellement et en les contenant l'un
et l'autre dans leurs justes attributions. Il faut
donc que le pouvoir législatif se borne à porter
des lois générales, le pouvoir exécutif à les
exécuter, et quant au contrôle de l'exécution
de ces lois, le citoyen, qui est ou se croit lésé
par l'application abusive d'un texte législatif, doit trouver sa pleine défense dans un
pouvoir judiciaire moralement fort, entiè-

rement indépendant. Ce pouvoir judiciaire sera son palladium, son bouclier contre toute oppression, d'où qu'elle vienne. La première condition nécessaire pour réaliser cet équilibre est que chacun de ces pouvoirs soit hors de l'action l'un de l'autre, assez pour qu'aucun d'eux ne se subordonne l'autre, pas assez pour que chacun s'isolant dans sa sphère on aboutisse à une dislocation trinitaire de l'État. Le moyen est qu'ils ne se nomment pas les uns les autres, mais qu'ils tirent leurs origines de sources différentes, non semblables, toutefois, pour ne pas provoquer des antagonismes par le sentiment jaloux d'autorités égales. Si le pouvoir législatif demeure constitué par le suffrage universel, le pouvoir exécutif peut l'être par un suffrage restreint; quant au pouvoir judiciaire, toutes précautions prises contre la constitution d'oligarchies égoïstes, il n'est que de revenir à la pratique connue des anciens et usitée à travers les siècles de notre histoire, du recrutement des cours judiciaires par elles-mêmes. Ces cours fixées dans l'application des lois que d'autres délibèrent, prémunies contre leurs erreurs par la succession des instances, forment ainsi un pouvoir contenu, et muni de sa vie propre. De son côté le pouvoir exécutif se trouve arrêté entre des lois qu'il subit et les barrières judiciaires que ces excès rencontrent, lui aussi est fixé. Reste le pouvoir législatif, et c'est ici qu'il conviendrait, autant pour empêcher le plus dangereux de tous, parce que ses décisions ont le plus de portée, de se donner carrière, que pour éviter l'isolement respectif des trois, de les réunir en une sage collaboration au seul profit du bien public. Car s'il est marqué d'avance que le pouvoir exécutif éclaire le législatif sur l'effet pratique que peut avoir une loi et le conseille, il est non moins essentiel qu'un corps judiciaire analogue par son indépendance aux autres et tel qu'est désigné le conseil d'État, représente à la barre de l'assemblée la justice et l'équité; que cette cour fasse entendre la voix de la raison contre celle de la passion, le plus souvent dominante, pour dire si un projet qu'on discute est contraire ou non à l'esprit de l'ensemble de la législation, est conforme ou non aux droits naturels de l'homme. Ce corps, avocat des particuliers qui s'adresseraient à lui, lorsqu'une proposition de loi les léserait injustement, juge de ces réclamations, leur donnant l'importance que la justice et le bien de l'État exigeraient, ne devrait pas être en mesure sans doute, d'imposer au pouvoir législatif ses approbations ou ses désapprobations, mais il n'est personne qui pût trouver excessif qu'une remontrance solennelle de sa part eut pour conséquence d'ajourner à un temps plus calme la discussion davantage réfléchie de quelque inique mesure. Ainsi la législation, nos vies et nos biens, ne seraient pas exclusivement entre les mains de législateurs fortuits que la passion le plus souvent entraîne, le citoyen aurait une garantie; au lieu d'être étouffée dans le tumulte des violences politiques qui n'écoutent pas, sa protestation serait entendue d'un tribunal qui l'examinerait aux calmes clartés du droit : il ne serait plus à la merci d'un maître.

Mis à couvert de l'arbitraire des pouvoirs publics, munis contre leurs excès, quels qu'ils soient, de moyens de défense réguliers, les Français, peuvent vaquer avec assurance à l'emploi de leur activité ; ici le second ordre de faits nécessaires. Pour permettre l'emploi de cette activité dans la plus parfaite mesure possible, il est essentiel que la tendance générale de l'administration d'État ne soit plus, comme aujourd'hui, sous prétexte de protection, en réalité de domination, d'exercer une tutelle minutieuse sur toutes les actions des hommes, mais au contraire, d'étendre de plus en plus l'indépendance individuelle et collective jusqu'à l'octroi de la plus grande somme de libertés réelles. Étant donné nos habitudes d'esprit, on ne saurait procéder brusquement à cette évolution, il y faut du tact et une progression prudente ; mais c'est là le but qu'on doit placer devant ses yeux. Casser peu à peu les mille fils que l'État a multipliés sur la vie des citoyens pour les surveiller de près, à la place des mailles du filet enveloppant, constituer des liens, liens puissants qui tiennent la société en une cohésion indestructible, solliciter les citoyens à user de leur activité, non seulement au profit de leur intérêt personnel, mais pour le bien général, en leur laissant une liberté d'action intelligente dans l'administration ou provinciale ou urbaine, en un mot organiser la vie libre et ordonnée, ce sera satisfaire les instincts des Français, développer la civilisation dans le sens qu'elle suit véritablement et contribuer à accroître la prospérité publique, puisque la richesse de la France est le produit de l'activité individuelle et non de l'action de l'État.

Nous avons tenu à n'indiquer que quelques observations générales; nous terminerons par deux considérations. La première, c'est qu'il n'est nullement utile de détruire tout ce qui existe pour réaliser le progrès souhaité. On se trompe quand on croit qu'un peuple subit sans peine des bouleversements, au contraire, il tient aux habitudes contractées, aux formes extérieures reçues ; toutes institutions, d'ailleurs, peuvent être suffisantes suivant la manière dont on les utilise. Le plus prudent est de conserver les instruments que la tradition laisse, en se bornant aux adjonctions ou aux modifications qu'un nouvel esprit exige. Mais la seconde considération est la plus importante, elle est comme la clef de voûte de l'ensemble.

Nous ne pensons pas que les principes que nous venons d'exposer embrassent la multiplicité des faits concrets dont se compose la vie politique d'une société, et nous ne supposons pas qu'il pût suffire à des législateurs de décréter la liberté complète des hommes même garantie juridiquement contre les excès du pouvoir d'État, pour réaliser le progrès nécessaire. Que reste-t-il à établir ? Il reste à établir cette chose qui inspirant l'organisme tout entier, lui imprimera l'allure voulue dans le sens déterminé par les instincts de la race, le maintiendra dans cette allure, assurera entre eux le jeu exact de tous les rouages, ramènera les détails qui n'y entrent pas à une exacte concordance, et qui, présidant vraiment la vie nationale la réglera dans une harmonie libérale, cette chose, c'est le grand esprit de gouvernement. Toute société a le devoir de se proposer comme idéal cet esprit fidèle à son principe, qui concevant l'autorité publique comme un pouvoir protecteur suprême, le fait planer au-dessus des hommes fort, impartial, dans une atmosphère de sérénité et de bienveillance. Si cet idéal peut convenir à tous les peuples, il n'en est pas au monde qui éprouve plus le besoin de s'en rapprocher en ce moment que le nôtre. Amoureux qu'il est de dignité et d'énergie, sentant que de par son tempérament excitable nul plus que lui n'a besoin de ce pouvoir vigoureux qui contienne dans les bornes de la liberté permise les mouvements de sa sensibilité ardente, mais en même temps passionné de justice et

d'égalité, nul ne demande au degré où il le
réclame un gouvernement de mâle raison et
de puissante volonté. Ce peuple, si admirable
par tant de qualités, est parvenu de son labeur
silencieux à constituer à la France des trésors
de richesses matérielles et morales supérieurs
à ceux que les plus grands génies de son histoire ont accumulés, et il voudrait une di-
rection d'État qui fût digne de ces trésors;
de par ses séculaires gloires passées et sa situation présente, il serait en mesure de jouer
dans les concerts de l'Europe le rôle qui re-
vient à une des nations les plus redoutables
du continent, et il souhaiterait jouer ce rôle;
au milieu d'une situation générale des peuples qui considérée dans la suite des annales
du monde offre les traits d'une crise latente,
il désirerait être sûr qu'à l'instant de la
tourmente ses gouvernants, tenant énergi-
quement la barre, le conduiraient comme il
doit être conduit et seraient à la hauteur de
l'effort qu'il lui est possible de donner : mais
cette certitude il ne l'a pas, et ces souhaits

ne sont pas réalisés. Ils ne le sont pas, malgré la bonne volonté du plus grand nombre, parce que tous usent ce qu'ils ont de meilleur dans des divisions inutiles et des luttes stériles. Ces divisions et ces luttes doivent arriver à leur terme.

Il y a un siècle dans notre histoire passée qui ressemble à celui qui finit c'est le seizième. Comme nos ancêtres se sont divisés en protestants et catholiques et se sont battus, eux, il est vrai, jusqu'à la guerre civile continuelle pour se dominer les uns les autres, ainsi depuis cent ans, nous sommes divisés en partisans de l'ordre et partisans de la liberté pour nous imposer successivement les uns aux autres le despotisme ou l'anarchie. Nos pères ont terminé leur siècle en faisant la paix; ils l'ont faite en se rencontrant dans une tolérance commune et en conciliant en une juste mesure ce qu'ils avaient voulu établir de part et d'autre d'une façon exclusive. Reprenons leur exemple, qu'ils nous servent de modèles. Comme eux, brisons ces vains mots qui nous divisent pour n'être plus que des Français; partisans d'un ordre oppressif où d'une liberté désordonnée, laisons là ce que nos sentiments ont d'exagéré pour nous rassembler sous un gouvernement d'union assurant à des hommes libres un État puissant. Prolongerons - nous indéfiniment cette période séculaire d'essais? N'est-il pas de notre dignité et de notre sécurité de la terminer enfin par la seule solution qu'imposent la raison et l'histoire? Nos pères rencontrèrent une des époques les plus heureuses de nos annales dans cette tolérance consentie; nous pouvons retrouver le même calme dans une accommodation réalisée de deux principes opposés jusqu'ici l'un à l'autre. C'est le rêve inconscient de tous, c'est la condition de la paix publique, le mouvement normal de la civilisation et la fin logique des troubles de ce siècle : il y va de la fortune de notre peuple et de son honneur!

*
* *

A l'heure à laquelle nous sommes arrivés,

au moment où les chefs des anciens partis ne sont plus écoutés de la nation et passent dans l'oubli, l'indifférence, sinon l'impopularité, c'était à des voix nouvelles à se faire entendre, à ceux qui n'ayant aucune attache avec un passé qui les rendrait suspects, peuvent, au nom d'un avenir qui est le leur, proclamer l'œuvre nécessaire de paix, d'ordre et de liberté !